Vente du Mercredi 17 Janvier 1866

TABLEAUX ANCIENS

PROVENANT DU CABINET DE M. G*** 

Exposition le Mardi 16 Janvier 1866

M⁰ Ch. PILLET, Commissaire-Priseur

M. DHIOS, Expert

EXEMPLAIRE DE DHIOS

PARIS. — IMPRIMERIE PILLET FILS AINÉ
5, RUE DES GRANDS-AUGUSTINS

CATALOGUE

D'UNE COLLECTION

de

TABLEAUX

ANCIENS

DES ÉCOLES

HOLLANDAISE, FLAMANDE, ALLEMANDE, FRANÇAISE & ITALIENNES

Provenant du Cabinet de M. G***

Paysage boisé, par J. Ruysdael;
Deux extérieurs hollandais, par L. Van Ostade;
Deux Scènes d'intérieur, œuvres capitales de Platzer;
Charmantes Têtes d'enfant, par Lépicié;
Vierge et Enfant Jésus, par Botticelli

DONT LA VENTE AUX ENCHÈRES PUBLIQUES AURA LIEU

HOTEL DROUOT, SALLE Nº 4

Le Mercredi 17 Janvier 1866

A DEUX HEURES

Par le ministère de Mᵉ **CHARLES PILLET**, Commissaire-Priseur,
rue de Choiseul, 11,

Assisté de **M. DHIOS**, Expert, rue Lepeletier, 33,

Chez lesquels se trouve le présent Catalogue

EXPOSITION PUBLIQUE

Le Mardi 16 Janvier 1866, de une heure à cinq heures.

CONDITIONS DE LA VENTE

Elle sera faite au comptant.

Les acquéreurs payeront, en sus des adjudications, *cinq pour cent*, applicables aux frais.

L'exposition mettant le public à même de se rendre compte de l'état des objets, il ne sera admis aucune réclamation une fois l'adjudication prononcée.

Paris. Imp. PILLET FILS AÎNÉ, rue des Grands-Augustins, 5.

ÉCOLES

HOLLANDAISE, FLAMANDE & ALLEMANDE

ARTOIS (Van)

1. — Paysage orné de figures de villageois qui causent sur le chemin.

— BAUT et BOUDWINS

2 — Place de village animée d'un grand nombre de figures.

BAUT et BOUDWINS

3 — Quantité de personnages, cavaliers et animaux, devant une auberge.

BRAUWER

4 — Fumeur enivré.

BREUGHEL, de Velours

5 — Paysage avec tronc d'arbre servant de pont.

— BREYDEL (le chevalier)

6 — Combat de cavalerie.

CAMPUYSEN

7 — Paysage avec animaux.

DEVRIES

8 — Paysage avec chute d'eau et ruines.

DIÉTRICK

9 — Paysage avec château en ruines au bord d'une rivière.

DURER (École d'ALBERT)

10 — La Vierge et l'Enfant Jésus assis au milieu d'un paysage.

DYCK (attribué à Van)

11 — Ascension de Jésus-Christ.

Belle esquisse.

FRANCK (F.)

12 — Ecce Homo avec encadrements en grisailles et mé-
daillons.

HOBBEMA (attribué à)

13 — Paysage. Sur le premier plan, un pêcheur assis près
d'un pont de bois; dans le fond, chaumières sous de
grands arbres.

STEN (Jean)

14 — Paysage avec chaumière sous de grands arbres.

Manière d'Hobbéma.

LUCAS, de Leyde (École de)

15 — La Mise au tombeau.

METZU

16 — Dame tenant un éventail.

MICHAU

17 — Paysage avec paysans conduisant une charrette.

— MICHAU

18 — Le Retour du marché.

MIÉRIS (attribué à F.)

19 — Vieillard priant devant un livre ouvert.

MIÉRIS le jeune. (Signé F.)

20 — La Danse.

MURANT (Emmanuel)

21 — Paysage avec chaumière et pont en bois.
Petit tableau traité dans le goût de Wynants.

— Van der **NEER** (Art.)

22 — Paysage traversé par une rivière. Effet du matin.

— OMMÉGANCK

23 — Bestiaux dans un paysage.

OSTADE (Isaac Van)

24 — Extérieurs hollandais.

Sur la place d'un village, un chariot attelé de deux chevaux est arrêté; un cavalier offre la main à une dame pour descendre de voiture; tout près, un enfant joue avec deux chiens; à l'ombre d'un arbre, des groupes de fumeurs et buveurs à la porte d'un cabaret.

Bois. Haut. 25 cent.; larg. 3 cent.

OSTADE (Isaac Van)

25 — Effet d'Hiver.

Sur une rivière glacée, un homme conduisant un traîneau attelé d'un cheval blanc, se dirige vers une maison située auprès d'un pont qui traverse la rivière, et sur lequel deux hommes regagnent les divers groupes qui sont sur le canal.

Bois. Haut. 35 cent.; larg. 53 cent.

OSTADE (Isaac Van). Signé.

26 — Paysans à la porte d'un cabaret.

PLATZER

27 — Intérieur d'atelier de peintre.

Ravissant tableau, animé d'un grand nombre de figures, tableaux, objets d'art et accessoires.

Bois. Haut. 46 cent.; larg. 65 cent.

PLATZER

28 — Intérieur d'atelier de sculpteur.

Ce tableau et le précédent peuvent être classés parmi les œuvres les plus capitales de ce maître. En effet, rien ne manque à ces deux gracieuses compositions : abondance et grâce dans la composition, exécution d'un fini précieux, conservation parfaite.

Bois. Haut. 46 cent.; larg. 65 cent.

REMBRANDT (École de)

29 — Tête de Moine.

REMBRANDT (École de)

30 — Loth et ses Filles.

ROTTENHAMER

31 — Femmes au bain.

RUYSDAEL (Jacques)

32 — Paysage boisé.

Au milieu, sur le premier plan, une mare d'eau, sur laquelle on voit trois canards, sépare un bois de haute futaie ; derrière, de grands arbres ; sur la droite, un homme est arrêté au bord de l'eau.

Toile. Haut. 60 cent.; larg. 72 cent.

TÉNIERS

33 — Chasseur représenté au milieu d'un paysage.

TÉNIERS

34 — Le Jugement dernier.
Pastiche attribué à Téniers.

TÉNIERS

35 — Danse flamande.

— TÉNIERS père (D.)

36 — Intérieur de cabaret flamand.

VICTOOR

37 — Le Marchand de volailles.
Bon tableau du maître.

VOS (H. J.)

38 — Cavalier assis près d'un tonneau, tenant une choppe à la main ; près de lui une jeune femme.

VOS (H. J.)

39 — Le Message.

WERF (d'après VAN DER)

40 — La Sainte Famille.

WOUVERMANS (attribué à PH.)

41 — Le Pot au lait, composition gravée par Moyreau.
Bonne production de l'époque.

WOUVERMANS (attribué à Ph.)

42 — Le Manége.

Jolie composition gravée par Moyreau.

WOUVERMANS (attribué à Ph.)

43 — Campement militaire près d'une rivière.

Bonne production du temps.

ÉCOLE FRANÇAISE

BOUCHER (François)

44 — Caricature du sculpteur Larive, jouant Pygmalion.

— BOUCHER (François)

45 — La sainte Vierge et l'Enfant Jésus.

Joli tableau peint dans la première manière du maître.

BOUCHER (École de)

46 — Jupiter et Léda.

— CARLE VAN LOO

47 — Portrait d'une dame de l'époque de Louis XV. Elle est assise ; près d'elle est une jeune fille debout.

CASANOVA

48 — Chef d'armée monté sur un cheval blanc.

COYPEL

49 — Esclaves devant un chef d'armée.

— DROUAIS

50 — Enfant monté sur un mouton.

DUPLESSIS BERTAUX. 1784.

51 — Deux batailles.

— GREUZE (École de)

52 — Portrait de Dame, époque de Louis XVI.

— HALLÉ (Noel)

53 — La Sainte-Famille. Sommeil de Jésus.

JOUVENET

54 — Crucifiement.

JOUVENET

55 — Descente de Croix.

LAGRENÉE

56 — Agar et Abraham.

— LANTARA

57 — Paysage animé de figures.

— LARGILLIÈRE

58 — Portrait d'une dame de qualité.

LÉPICIÉ

59 — Six charmantes têtes de jeunes garçons.

Jolies études terminées.

MARTIN

60 — Vue de Paris, prise du Pont-Neuf, sous Louis XIV.

Tableau animé d'un grand nombre de figures, carrosses et cavaliers.

— MIGNARD

61 — Portrait de Madame la duchesse du Maine.

VERNET (Joseph)

62 — Paysage marine, orné de jolies figures sur le premier plan.

ÉCOLES D'ITALIE

— BELOTTI, élève de Canaletto

63 — Vue de Venise. Le grand Canal.

BOTICELLI

64 — La sainte Vierge et le petit saint Jean agenouillés devant l'Enfant Jésus.

Gracieux tableau de forme ronde.

CANALETTI (attribué à)

65 — Vue du Palais des Doges, prise du grand Canal.

— (COLONIA (A.)

66 — La Sainte-Famille. La fuite en Égypte.

CORRÉGE (École du)

67 — Le Christ les mains liées.

GRIMALDI

68 — Villageois arrêtés près d'une fontaine.

LUCA JORDANO

69 — La mort d'Adonis.

LUCA JORDANO

70 — Actéon changé en cerf.
Pendant du précédent.

— ORIZONTI

71 — Moissonneurs dans la campagne de Rome.

JULES ROMAIN

72 — Le Jugement de Pâris.

ROSE de Tivoli

73 — Animaux à l'abreuvoir.

SALVATOR ROSA

74 — Bataille de cavalerie.

SALVATOR ROSA

75 — Bataille.

Pendant du précédent.

TIÉPOLO

76 — Jésus-Christ remettant les clefs du Paradis à saint Pierre.

ÉCOLE FRANÇAISE

77 — Six petits paysages ornés de figures, encadrés ensemble.

ÉCOLE FRANÇAISE

78 — Pendant du précédent.

ÉCOLE FLAMANDE

79 — L'Assomption de la Vierge.

ÉCOLE FLAMANDE

80 — Le Couronnement de la Vierge.
Peintures sur agate.

ÉCOLE FLAMANDE

81 — La Vierge et Jésus.
Petit cadre ovale.

ÉCOLE ALLEMANDE

82 — La Vierge et l'Enfant Jésus.

ÉCOLE ITALIENNE

83 — Tête de Moine.

ÉCOLE ITALIENNE

84 — Tête de Vierge.

ÉCOLE GOTHIQUE ITALIENNE

85 — La Vierge et l'Enfant Jésus.

Peinture sur fond d'or ; cadre de forme ogivale.

ÉCOLE GOTHIQUE

86 — Le Père éternel.

87 — Jésus et la Madeleine.

Bas-relief en albâtre.